1
자음·모음 쓰기연습

"자음·모음 쓰기 연습"

▶자음 쓰기◀

ㄱ	'ㅏㅑㅓㅕㅣ'에 주로 쓰임.							
ㄱ	'ㅜㅠㅡ'에 주로 쓰임.							
ㄱ	'ㅗㅛ'와 '받침'에 주로 쓰임.							
ㄴ	'ㅏㅑㅣ'에 주로 쓰임.							
ㄴ	'ㅓㅕ'에 주로 쓰임.							
ㄴ	'ㅗㅛㅜㅠㅡ'에 주로 쓰임.							
ㄴ	'받침'에 주로 쓰임.							
ㄷ	'ㅏㅑㅣ'에 주로 쓰임.							
ㄷ	'ㅗㅛㅜㅠ'에 주로 쓰임.							
ㄷ	'받침'에 주로 쓰임.							
ㄹ	'ㅏㅑㅣ'에 주로 쓰임.							

『 자음·모음 쓰기 연습 』

ㄹ	'ㅓㅕ'와 '받침'에 주로 쓰임.
ㄹ	'ㅗㅛㅜㅠ'에 주로 쓰임.
ㅁ	'모음' 전체와 '받침'에 두루 쓰임.
ㅂ	'모음' 전체와 '받침'에 두루 쓰임.
ㅅ	'ㅏㅑㅣ'에 주로 쓰임.
ㅅ	'ㅓㅕ'에 주로 쓰임.
ㅅ	'ㅗㅛㅜㅠㅡ'와 '받침'에 주로 쓰임.
ㅇ	'모음' 전체와 '받침'에 두루 쓰임.
ㅈ	'ㅏㅑㅣ'에 주로 쓰임.
ㅈ	'ㅓㅕ'에 주로 쓰임.
ㅈ	'ㅗㅛㅜㅠㅡ'와 '받침'에 주로 쓰임.
ㅊ	'ㅏㅑㅣ'에 주로 쓰임.

『 자음·모음 쓰기 연습 』

ㅊ	'ㅓㅕ'에 주로 쓰임.							
ㅊ	'ㅗㅛㅜㅠㅡ'와 '받침'에 주로 쓰임.							
ㅋ	'ㅏㅑㅓㅕㅣ'에 주로 쓰임.							
ㅋ	'ㅜㅠㅡ'에 주로 쓰임.							
ㅋ	'ㅗㅛ'와 '받침'에 주로 쓰임.							
ㅌ	'ㅏㅑㅣ'에 주로 쓰임.							
ㅌ	'ㅓㅕ'에 주로 쓰임.							
ㅌ	'ㅗㅛㅜㅠㅡ'와 '받침'에 주로 쓰임.							
ㅍ	'ㅏㅑㅣ'에 주로 쓰임.							
ㅍ	'ㅓㅕ'에 주로 쓰임.							
ㅍ	'ㅗㅛㅜㅠㅡ'와 '받침'에 주로 쓰임.							
ㅎ	'모음' 전체와 '받침'에 두루 쓰임.							

"자음·모음 쓰기 연습"

▶경음 쓰기◀

ㄲ	'ㅏㅑㅓㅕㅣ'에 주로 쓰임.						
ㄲ	'ㅗㅛ'에 주로 쓰임.						
ㄸ	'ㅏㅑㅣ'에 주로 쓰임.						
ㄸ	'ㅗㅛㅜㅠㅡ'와 'ㅓㅕ'에 주로 쓰임.						
ㅃ	'ㅏㅑㅓㅕㅣ'에 주로 쓰임.						
ㅆ	'ㅏㅑㅣ'에 주로 쓰임.						
ㅆ	'ㅓㅕ'에 주로 쓰임.						
ㅆ	'ㅗㅛㅜㅠㅡ'에 주로 쓰임.						
ㅉ	'ㅏㅑㅣ'에 주로 쓰임.						

▶겹받침 쓰기◀

ㄳ	두 개의 크기가 같고 벌어지지 않게 쓴다.						

자음 · 모음 쓰기 연습

ㄵ	'ㄴ'을 옆으로 약간 좁게 해서 쓴다.
ㄶ	'ㄴ'을 옆으로 약간 좁게 해서 쓴다.
ㄺ	두 개의 크기가 같고 너무 붙지 않게 쓴다.
ㄻ	'ㄹ'을 'ㅁ'보다 약간 크게 쓴다.
ㄼ	두 개의 크기가 같고 너무 붙지 않게 쓴다.
ㄽ	두 개의 크기가 같고 너무 붙지 않게 쓴다.
ㄿ	두 개의 크기가 같고 너무 붙지 않게 쓴다.
ㅀ	두 개의 크기와 길이를 같게 쓴다.
ㅁㄱ	'ㅁ'보다 'ㄱ'을 아래로 약간 길게 해서 쓴다.
ㅄ	'ㅅ'을 약간 세우고 벌어지지 않게 쓴다.

▶모음 쓰기◀

ㅏ	옆에 점을 정중앙이나 아래로 약간 내린다.

" 자음 · 모음 쓰기 연습 "

ㅑ	두 점을 너무 붙지 않게 쓴다.	
ㅓ	옆에 점을 중간에 약간 길게 한다.	
ㅕ	두 점을 약간 길게 빼준다.	
ㅗ	위에 점을 정중앙에 오게 한다.	
ㅛ	두 점은 가로획을 3등분한 중앙에 내린다.	
ㅜ	아래 점을 약간 오른쪽에서 길게 뺀다.	
ㅠ	아래 두 점을 약간 길게 한다.	
ㅡ	처음과 마지막 부분에 힘을 주어 쓴다.	
ㅣ	처음에 힘을 주고 마지막에 힘을 뺀다.	
ㅐ	첫 번째 세로획을 두 번째보다 짧게 한다.	
ㅔ	첫 번째 세로획을 두 번째보다 짧게 한다.	
ㅖ	옆에 점은 약간 길게 빼준다.	

" 자음 · 모음 쓰기 연습 "

과	'ㅗ'와 'ㅏ'가 서로 붙도록 쓴다.						
궈	'ㅜ'와 'ㅓ'가 서로 붙지 않게 쓴다.						
괴	'ㅗ'와 'ㅣ'가 서로 붙도록 쓴다.						
귀	'ㅜ'와 'ㅣ'가 서로 붙도록 쓴다.						
긔	'ㅡ'를 'ㅣ'의 3분의 2지점에 붙인다.						
괘	'ㅗ'와 'ㅐ'가 서로 붙도록 쓴다.						
궤	'ㅜ'와 'ㅔ'가 서로 붙지 않게 쓴다.						

2 정자체 쓰기연습

정자체 기본자 쓰기 연습

| 가 |
| 야 |
| 간 |
| 접 |
| 거 |
| 져 |
| 경 |
| 고 |
| 교 |
| 공 |
| 관 |
| 구 |

정자체 기본자 쓰기 연습

규								
군								
굴								
그								
기								
극								
길								
개								
게								
계								
갱								
겐								

정자체 기본자 쓰기 연습

겠								
겟								
과								
궈								
괴								
긔								
괘								
궤								
곽								
권								
굉								
괭								

정자체 기본자 쓰기 연습

나
냐
난
낱
너
녀
넙
녕
노
뇨
농
누

정자체 기본자 쓰기 연습

뉴
눈
늘
느
니
능
닐
내
네
녜
넌
냈

정자체 기본자 쓰기 연습

| 넷 |
| 놔 |
| 눠 |
| 뇌 |
| 뉘 |
| 늬 |
| 눼 |
| 놨 |
| 눴 |
| 뇔 |
| 뉠 |
| 늴 |

" 정자체 기본자 쓰기 연습 "

다							
댜							
닫							
더							
뎌							
던							
도							
됴							
돌							
두							
듀							
둔							

정자체 기본자 쓰기 연습

| 드 |
| 디 |
| 딛 |
| 대 |
| 데 |
| 댕 |
| 뎅 |
| 둮 |
| 되 |
| 돼 |
| 뒤 |
| 뒈 |

정자체 기본자 쓰기 연습

라
랴
란
량
러
려
럴
렬
로
료
롱
률

정자체 기본자 쓰기 연습

루							
류							
룰							
룬							
률							
륜							
르							
리							
를							
릴							
래							
레							

정자체 기본자 쓰기 연습

례								
뤄								
뢰								
뤼								
뤠								
랠								
랫								
렛								
렐								
렜								
뢸								
뢧								

정자체 기본자 쓰기 연습

마								
맘								
머								
떠								
멈								
몃								
모								
묘								
몸								
무								
뮤								
물								

📝 정자체 기본자 쓰기 연습

| 물 |
| 므 |
| 미 |
| 밀 |
| 매 |
| 메 |
| 맹 |
| 뫼 |
| 뭐 |
| 묏 |
| 뭔 |
| 뭬 |

정자체 기본자 쓰기 연습

바								
밥								
버								
뼈								
법								
별								
보								
봄								
부								
뷰								
북								
브								

정자체 기본자 쓰기 연습

| 비 |
| 빕 |
| 배 |
| 베 |
| 뱁 |
| 벨 |
| 봐 |
| 뷔 |
| 봬 |
| 봤 |
| 뷘 |
| 뵀 |

정자체 기본자 쓰기 연습

사								
샤								
섯								
샷								
서								
셔								
섯								
셨								
소								
쇼								
송								
솟								

〝 정자체 기본자 쓰기 연습 〞

| 수 |
| 슈 |
| 술 |
| 숫 |
| 스 |
| 시 |
| 승 |
| 실 |
| 새 |
| 세 |
| 셰 |
| 생 |

〞 정자체 기본자 쓰기 연습 〝

| 셋 |
| 솨 |
| 쉬 |
| 쇠 |
| 쉬 |
| 쇄 |
| 쉐 |
| 삭 |
| 쉈 |
| 쉰 |
| 쇗 |
| 쉔 |

정자체 기본자 쓰기 연습

| 아 |
| 야 |
| 앙 |
| 양 |
| 어 |
| 여 |
| 엉 |
| 영 |
| 오 |
| 요 |
| 옹 |
| 용 |

정자체 기본자 쓰기 연습

| 우 |
| 유 |
| 웅 |
| 융 |
| 으 |
| 이 |
| 응 |
| 잉 |
| 애 |
| 에 |
| 예 |
| 앵 |

정자체 기본자 쓰기 연습

엥
옛
와
워
외
위
왜
왕
원
윗
윗
왯

정자체 기본자 쓰기 연습

| 자 |
| 잣 |
| 저 |
| 져 |
| 젖 |
| 젰 |
| 조 |
| 죠 |
| 종 |
| 존 |
| 주 |
| 쥬 |

정자체 기본자 쓰기 연습

준
쥰
즈
지
증
짖
재
제
졔
쟁
젤
젯

정자체 기본자 쓰기 연습

좌

줘

죄

쥐

좨

좔

줬

죌

죗

쥘

쥔

좼

정자체 기본자 쓰기 연습

차
창
처
쳐
첫
쳤
초
총
추
츄
춘
츠

정자체 기본자 쓰기 연습

| 치 |
| 칩 |
| 채 |
| 체 |
| 책 |
| 쳇 |
| 최 |
| 취 |
| 췌 |
| 찰 |
| 친 |
| 췐 |

정자체 기본자 쓰기 연습

카
칼
커
켜
컵
쳤
코
콩
쿠
큐
쿵
크

정자체 기본자 쓰기 연습

키							
킁							
킬							
캐							
케							
캥							
콰							
쿼							
퀴							
퀘							
쾅							
퀀							

정자체 기본자 쓰기 연습

타
탕
터
털
토
통
투
튜
퉁
튤
트
티

정자체 기본자 쓰기 연습

틉
팁
태
테
탱
텔
퉈
튀
퉤
튈
튌
팅

❝ 정자체 기본자 쓰기 연습 ❞

파								
팡								
퍼								
펴								
펄								
펐								
포								
표								
퐁								
푸								
퓨								
플								

정자체 기본자 쓰기 연습

퓬								
프								
피								
픈								
필								
패								
페								
폐								
푀								
퓌								
팽								
펜								

정자체 기본자 쓰기 연습

하
항
허
혀
헐
현
호
효
홍
후
휴
훌

정자체 기본자 쓰기 연습

흉
흐
히
흔
힐
해
헤
혜
휘
황
헬
훤

정자체 사자성어 쓰기 연습

가인박명

佳 (아름다울 가) 人 (사람 인) 薄 (엷을 박) 命 (목숨 명)

아름다운 여인은 복이 적고 수명이 짧다는 뜻.

각골난망

刻 (새길 각) 骨 (뼈 골) 難 (어려울 난) 忘 (잊을 망)

뼈에 깊이 사무치어 결코 은혜를 잊지 못함.

각자무치

角 (뿔 각) 者 (사람 자) 無 (없을 무) 齒 (이 치)

뿔이 있는 짐승은 날카로운 이가 없다는 말.

간담상조

肝 (간 간) 膽 (쓸개 담) 相 (서로 상) 照 (비출 조)

간과 쓸개를 보이며 사귐. 그 정도로 속마음을 터놓고 친하게 지낸다는 뜻.

📝 정자체 사자성어 쓰기 연습

감불생심

敢	不	生	心
(감히 감)	(아닐 불)	(날 생)	(마음 심)

감히 엄두를 내지 못함.

감언이설

甘	言	利	說
(달 감)	(말씀 언)	(이로울 리)	(말씀 설)

남의 비위를 맞추는 달콤한 말과 이로운 조건만 들어 그럴듯하게 꾸미는 말.

강호연파

江	湖	煙	波
(강 강)	(호수 호)	(연기 연)	(물결 파)

강이나 호수 위의 안개처럼 보얗게 보이는 기운 또는 그 수면의 잔물결.

갑남을녀

甲	男	乙	女
(갑옷 갑)	(사내 남)	(새 을)	(여자 녀)

일반적인 남자와 여자. 평범한 보통사람을 뜻함.

📝 정자체 사자성어 쓰기 연습

개세지재
蓋 (덮을 개) 世 (세상 세) 之 (갈 지) 才 (재주 재)

온 세상을 뒤덮을 만큼 뛰어난 재능.

격세지감
隔 (사이뜰 격) 世 (세상 세) 之 (갈 지) 感 (느낄 감)

너무 많이 변하여 다른 세상처럼 느껴짐.

견강부회
牽 (끌 견) 強 (굳셀 강) 附 (붙을 부) 會 (모일 회)

불합리한 방법으로 일을 하려 함.

견리사의
見 (볼 견) 利 (이로울 리) 思 (생각할 사) 義 (옳을 의)

이로움이 있으면 옳은 것인지 생각함.

정자체 사자성어 쓰기 연습

견물생심

見 (볼 견) 物 (물건 물) 生 (날 생) 心 (마음 심)

물건을 보면 그것을 가지고 싶은 욕심이 생김.

견마지로

犬 (개 견) 馬 (말 마) 之 (갈 지) 勞 (일할 로)

개나 말의 하찮은 힘. 윗사람 또는 나라를 위해 바치는 자기의 노력을 겸손하게 나타낸 말.

견인불발

堅 (굳을 견) 忍 (참을 인) 不 (아닐 불) 拔 (뺄 발)

굳게 참고 견디어 마음이 흔들리지 않음.

결자해지

結 (맺을 결) 者 (사람 자) 解 (풀 해) 之 (갈 지)

묶은 사람이 푼다는 말로, 문제를 만든 사람이 직접 해결한다는 뜻.

정자체 사자성어 쓰기 연습

결초보은
結(맺을 결) 草(풀 초) 報(갚을 보) 恩(은혜 은)

풀로 엮은 줄로 적장을 잡아 은혜를 갚았다는 뜻.

겸인지용
兼(겸할 겸) 人(사람 인) 之(갈 지) 勇(날쌜 용)

여러 사람을 물리칠 만한 용기.

경거망동
輕(가벼울 경) 擧(들 거) 妄(허망할 망) 動(움직일 동)

몸과 마음이 중심을 잃고 아무렇게나 행동함.

경국제세
經(날 경) 國(나라 국) 濟(건널 제) 世(세상 세)

나라를 잘 다스려 세상을 구함.

정자체 사자성어 쓰기 연습

경국지색

傾 (기울 경) 國 (나라 국) 之 (갈 지) 色 (빛 색)

나라를 위태롭게 할 정도의 빼어난 미녀.

경천동지

驚 (놀랄 경) 天 (하늘 천) 動 (움직일 동) 地 (땅 지)

하늘이 놀라고 땅이 흔들릴 정도로 세상을 놀라게 함.

계명구도

鷄 (닭 계) 鳴 (울 명) 狗 (개 구) 盜 (훔칠 도)

닭소리, 개소리를 내는 도둑이란 말.

고립무원

孤 (외로울 고) 立 (설 립) 無 (없을 무) 援 (당길 원)

고립되어 구원받기가 어려움.

정자체 사자성어 쓰기 연습

고	육	지	책
苦 (쓸 고)	肉 (고기 육)	之 (갈 지)	策 (채찍 책)

적을 속이기 위해 스스로 고통을 감내함.

계	포	일	낙
季 (끝 계)	布 (베 포)	一 (하나 일)	諾 (대답할 낙)

초나라 사람 계포가 자신의 약속을 꼭 지켰다는 뜻.

고	장	난	명
孤 (외로울 고)	掌 (손바닥 장)	難 (어려울 난)	鳴 (울 명)

한 손으로는 소리가 나지 않고, 두 손이 마주쳐야 소리가 난다는 뜻.

고	진	감	래
苦 (쓸 고)	盡 (다될 진)	甘 (달 감)	來 (올 래)

어려운 상황을 극복하면 좋은 상황이 오게 된다는 뜻.

📖 정자체 사자성어 쓰기 연습

고	침	안	면
高 (높을 고)	枕 (베개 침)	安 (편안할 안)	眠 (잠잘 면)

높은 베개로 편안히 잠, 즉 편안한 생활을 뜻함.

곡	학	아	세
曲 (굽을 곡)	學 (배울 학)	阿 (언덕 아)	世 (세상 세)

잘못된 학문으로 세상을 혼란케 함.

골	육	상	잔
骨 (뼈 골)	肉 (고기 육)	相 (서로 상)	殘 (해칠 잔)

혈육끼리 죽도록 싸움.

공	전	절	후
空 (빌 공)	前 (앞 전)	絶 (끊을 절)	後 (뒤 후)

전에도 없고 후에도 없을 것이란 말로 유일하다는 뜻.

정자체 사자성어 쓰기 연습

과유불급

過	猶	不	及
(지날 과)	(오히려 유)	(아닐 불)	(미칠 급)

지나친 것은 부족한 것보다 못하다는 뜻.

과전리하

瓜	田	李	下
(오이 과)	(밭 전)	(오얏 리)	(아래 하)

오이밭이나 자두나무 아래서는 몸을 숙이거나 손을 뻗치는 말라는 뜻.

교각살우

矯	角	殺	牛
(바로잡을 교)	(뿔 각)	(죽일 살)	(소 우)

뿔을 바로 잡으려다 소를 죽인다는 뜻.

교언영색

巧	言	令	色
(공교할 교)	(말씀 언)	(영 영)	(빛 색)

교묘한 말과 표정으로 사람을 상대한다는 뜻.

정자체 긴글 쓰기 연습

건강은 절제만 잘하면 네 나이 때는 아무것

도 하지 않더라도 충분히 유지된다. 그런데

머리는 그렇지가 못하다. 네 나이에서는, 특

히 평소 마음가짐이-때로는 머리를 쉬게 하

" 정자체 긴글 쓰기 연습 "

는 물리적인 현상까지도 포함해서-필요하

다. 지금의 이 시간을 유효하게 사용하느냐

못하느냐가 포인트가 되고, 그것이 앞으로

의 두뇌 활동에도 큰 영향을 미치게 된다.

정자체 긴글 쓰기 연습

그것뿐이 아니란다. 두뇌를 발랄하고 건강

한 상태로 유지하기 위해서는 상당한 훈련

이 필요하다. 훈련된 두뇌와 그렇지 못한

두뇌를 비교해 보려무나. 그렇게 해보면 너

정자체 긴글 쓰기 연습

도 자기 머리를 훈련시키기 위해서 아무리

많은 시간을 쏟는다고 해도, 아무리 노력을

기울인다고 해도 지나치다고는 생각하지 않

을 것이다.

정자체 긴글 쓰기 연습

물론 때로는 훈련 따위는 하지 않았는데도

자연의 힘만으로 천재가 출현하는 경우도

있기는 하다. 하지만 그런 일은 좀처럼 드

문 일이어서 그것을 믿고 기다릴 수만은 없

정자체 긴글 쓰기 연습

는 노릇이다.

그러니까 늦기 전에 착실하게 지식을 축적

할 수 있도록 노력을 아끼지 말도록 해라.

그렇지 않으면 출세는커녕 평범한 인간도

정자체 긴글 쓰기 연습

될 수 없을 것이다.

네 입장을 생각해 보려무나. 너에게는 출세

의 발판이 되는 지위도 재산도 없다. 나 역

시 언제까지 정계에 있을지 알 수 없는 일

정자체 긴글 쓰기 연습

이다. 아마도 네가 순조롭게 이 세계로 들

어올 때쯤이면 나는 퇴직해 있을 것이다.

그렇다면 너는 무엇에 의지하며 무엇을 기

대하겠니? 자신의 힘 이외에는 없을 것이

정자체 긴글 쓰기 연습

다. 그것이 출세의 유일한 길이 될 것이고,

또한 그렇게 되지 않으면 안 된다.

나는 종종 자신이 탁월한 사람인데 실패했

다거나 보답을 받지 못했다는 말을 듣거나

정자체 긴글 쓰기 연습

읽기도 한다. 하지만 내가 알고 있는 한 실

제로 그러한 일은 없었다. 반드시라고 해도

좋을 만큼 어떤 역경에 처해 있어도 뛰어난

사람은 어느 정도의 성공을 거두고 있다.

정자체 긴글 쓰기 연습

머지않아 사회에서 크게 성공할 날을 위하여

내가 여기에서 말한 '뛰어난 사람'은 지식과

식견이 있고 태도도 훌륭한 사람을 말한다.

식견이 얼마나 중요한가는 여기서 새삼스럽

정자체 긴글 쓰기 연습

게 말할 필요도 없을 것이다. 굳이 한마디

한다면 식견을 갖지 못한 인간은 씁쓸한 인

생을 살아가게 된다는 것이다. 지식에 대해

서는 여러 차례 말한 것 같지만, 자신이 무

정자체 긴글 쓰기 연습

엇을 목표로 삼든 간에 철저하게 몸에 익혀

두지 않으면 안 된다.

태도는 지금 제시한 요소 가운데서 가장 하

찮은 것인지도 모른다. 하지만 뛰어난 사람

정자체 긴글 쓰기 연습

이 되기 위해서는 빼놓을 수 없는 요소다.

그 사람의 태도에 따라서 지식이나 식견이

빛을 내기도 흐려지기도 한다. 목표 달성에

득을 주기도 하고 실을 주기도 한다. 그리

정자체 긴글 쓰기 연습

고 다른 사람의 마음을 가장 먼저 매료시키

는 것도, 유감스럽지만 지식이나 식견이 아

니고 그 사람의 태도이다.

내가 틈나는 대로 써 보낸 편지, 그리고 앞

정자체 긴글 쓰기 연습

으로 써 보낼 이야기에 아무쪼록 진지하게

귀를 기울여 주기 바란다. 그것들은 오랜

세월의 경험 끝에 내가 터득한 지혜의 결집

이며 또한 너에 대한 애정의 증표란다. 나

66 정자체 긴글 쓰기 연습 99

는 네가 아닌 다른 누구에 대해서는 조언할

생각이 없다.

너는 아직 내가 너를 위하는 마음의 절반만

큼도 자신을 위해서 무엇인가를 할 수 있는

" 정자체 긴글 쓰기 연습 "

능력이 없다. 그러므로 지금은 나의 충고가

어느 정도나 도움이 될지 모르겠지만, 얼마

동안은 참고 견디면서 내가 하는 이야기에

묵묵히 따라 주기 바란다. 그렇게 하면 언

정자체 긴글 쓰기 연습

젠가 나의 충고가 헛되지 않았다는 것을 알

게 될 날이 올 것이다.

너는 주변 사람들에 대한 주의력이 부족한

편이다. 즉 그 말은 네가 그 사람들을 바보

❝ 정자체 긴글 쓰기 연습 ❞

로 생각하고 있다는 것이다. 몇 번이나 반

복해서 하는 말이지만 세상에는 바보로 취

급해도 좋을 만한 사람은 없다. 사람은 누구

나 평등하게 대해야 한다.

3
손글씨 쓰기연습

손글씨 기본자 쓰기 연습

| 가 |
| 갸 |
| 간 |
| 겁 |
| 거 |
| 겨 |
| 경 |
| 고 |
| 교 |
| 공 |
| 관 |
| 구 |

손글씨 기본자 쓰기 연습

규								
군								
굴								
그								
기								
극								
길								
개								
게								
계								
갱								
겐								

손글씨 기본자 쓰기 연습

| 겠 |
| 겟 |
| 과 |
| 궈 |
| 괴 |
| 긔 |
| 괘 |
| 궤 |
| 곽 |
| 권 |
| 굉 |
| 괭 |

손글씨 기본자 쓰기 연습

| 나 |
| 나 |
| 난 |
| 낟 |
| 너 |
| 녀 |
| 녑 |
| 녕 |
| 노 |
| 뇨 |
| 농 |
| 누 |

" 손글씨 기본자 쓰기 연습 "

뉴								
눈								
눕								
느								
니								
능								
닐								
내								
네								
녜								
낸								
냈								

손글씨 기본자 쓰기 연습

넷								
놔								
눠								
뇌								
뉘								
늬								
눼								
놨								
눴								
놀								
눌								
닐								

손글씨 기본자 쓰기 연습

다								
댜								
단								
더								
뎌								
던								
도								
됴								
돌								
두								
듀								
둔								

손글씨 기본자 쓰기 연습

드								
디								
딘								
대								
데								
댕								
뎅								
뒤								
되								
돼								
뒤								
뒈								

손글씨 기본자 쓰기 연습

| 라 |
| 랴 |
| 란 |
| 랑 |
| 러 |
| 려 |
| 럴 |
| 렬 |
| 로 |
| 료 |
| 롱 |
| 룝 |

손글씨 기본자 쓰기 연습

루								
류								
룰								
룬								
륩								
륜								
르								
리								
를								
릴								
래								
레								

손글씨 기본자 쓰기 연습

례								
뤄								
뢰								
뤼								
뤠								
랠								
랫								
렛								
렐								
롓								
뢸								
뢧								

손글씨 기본자 쓰기 연습

| 마 |
| 맘 |
| 머 |
| 며 |
| 멈 |
| 몃 |
| 모 |
| 묘 |
| 몸 |
| 무 |
| 뮤 |
| 물 |

손글씨 기본자 쓰기 연습

| 물 |
| 므 |
| 미 |
| 밀 |
| 매 |
| 메 |
| 맹 |
| 뫼 |
| 뭐 |
| 뫳 |
| 뭔 |
| 뭬 |

손글씨 기본자 쓰기 연습

바								
밥								
버								
벼								
법								
별								
보								
봅								
부								
뷰								
북								
브								

" 손글씨 기본자 쓰기 연습 "

비
빕
배
베
뱁
벨
봐
뷔
봬
봤
뷘
뵀

손글씨 기본자 쓰기 연습

사								
샤								
삿								
샷								
서								
셔								
섯								
셧								
소								
쇼								
송								
숏								

손글씨 기본자 쓰기 연습

| 수 |
| 슈 |
| 술 |
| 슛 |
| 스 |
| 시 |
| 승 |
| 실 |
| 새 |
| 세 |
| 세 |
| 생 |

손글씨 기본자 쓰기 연습

셋								
솨								
쉬								
쇠								
쉬								
쇄								
쉐								
솩								
섰								
쉰								
쇳								
쉔								

손글씨 기본자 쓰기 연습

| 아 |
| 야 |
| 앙 |
| 양 |
| 어 |
| 여 |
| 엉 |
| 영 |
| 오 |
| 요 |
| 옹 |
| 용 |

손글씨 기본자 쓰기 연습

| 우 |
| 유 |
| 웅 |
| 윰 |
| 으 |
| 이 |
| 응 |
| 잉 |
| 애 |
| 에 |
| 예 |
| 앵 |

손글씨 기본자 쓰기 연습

엥								
옛								
와								
워								
외								
위								
왜								
왕								
원								
욋								
윗								
왯								

손글씨 기본자 쓰기 연습

자								
잣								
저								
져								
젓								
젔								
조								
죠								
종								
죤								
주								
쥬								

손글씨 기본자 쓰기 연습

| 준 |
| 쥰 |
| 즈 |
| 지 |
| 증 |
| 짓 |
| 재 |
| 제 |
| 제 |
| 쟁 |
| 젤 |
| 젯 |

손글씨 기본자 쓰기 연습

좌								
쥐								
죄								
쥐								
쫴								
좔								
줬								
쵤								
죗								
철								
줜								
쫬								

손글씨 기본자 쓰기 연습

차
창
처
쳐
첫
쳤
초
총
추
츄
춘
츠

손글씨 기본자 쓰기 연습

치							
침							
채							
체							
책							
쳇							
최							
취							
췌							
찰							
췬							
췌							

손글씨 기본자 쓰기 연습

카								
칼								
커								
켜								
컵								
켰								
코								
콩								
쿠								
큐								
쿵								
크								

손글씨 기본자 쓰기 연습

키								
콩								
킬								
캐								
게								
캥								
과								
퀴								
쿼								
퀘								
괌								
퀸								

손글씨 기본자 쓰기 연습

타								
탕								
터								
털								
토								
통								
투								
튜								
퉁								
튱								
트								
티								

손글씨 기본자 쓰기 연습

| 툽 |
| 팁 |
| 태 |
| 테 |
| 탱 |
| 텔 |
| 튀 |
| 튜 |
| 퉤 |
| 튈 |
| 튔 |
| 튕 |

손글씨 기본자 쓰기 연습

파							
팡							
퍼							
펴							
펼							
폈							
포							
표							
퐁							
푸							
퓨							
풀							

손글씨 기본자 쓰기 연습

푠							
프							
피							
푼							
필							
패							
페							
폐							
피							
퓌							
팽							
펜							

손글씨 기본자 쓰기 연습

하								
항								
허								
혀								
헐								
현								
호								
효								
홍								
후								
휴								
훌								

손글씨 기본자 쓰기 연습

| 흉 |
| 흐 |
| 히 |
| 훈 |
| 힐 |
| 해 |
| 헤 |
| 혜 |
| 휘 |
| 황 |
| 헬 |
| 훤 |

손글씨 사자성어 쓰기 연습

가인박명

佳	人	薄	命
(아름다울 가)	(사람 인)	(엷을 박)	(목숨 명)

아름다운 여인은 복이 적고 수명이 짧다는 뜻.

각골난망

刻	骨	難	忘
(새길 각)	(뼈 골)	(어려울 난)	(잊을 망)

뼈에 깊이 사무치어 결코 은혜를 잊지 못함.

각자무치

角	者	無	齒
(뿔 각)	(사람 자)	(없을 무)	(이 치)

뿔이 있는 짐승은 날카로운 이가 없다는 말.

간담상조

肝	膽	相	照
(간 간)	(쓸개 담)	(서로 상)	(비출 조)

간과 쓸개를 보이며 사귐. 그 정도로 속마음을 터놓고 친하게 지낸다는 뜻.

손글씨 사자성어 쓰기 연습

감불생심

敢	不	生	心
(감히 감)	(아닐 불)	(날 생)	(마음 심)

감히 엄두를 내지 못함.

감언이설

甘	言	利	說
(달 감)	(말씀 언)	(이로울 리)	(말씀 설)

남의 비위를 맞추는 달콤한 말과 이로운 조건만 들어 그럴듯하게 꾸미는 말.

강호연파

江	湖	煙	波
(강 강)	(호수 호)	(연기 연)	(물결 파)

강이나 호수 위의 안개처럼 보얗게 보이는 기운 또는 그 수면의 잔물결.

갑남을녀

甲	男	乙	女
(갑옷 갑)	(사내 남)	(새 을)	(여자 녀)

일반적인 남자와 여자. 평범한 보통사람을 뜻함.

〝 손글씨 사자성어 쓰기 연습 〞

개세지재

蓋 (덮을 개) 世 (세상 세) 之 (갈 지) 才 (재주 재)

온 세상을 뒤덮을 만큼 뛰어난 재능.

격세지감

隔 (사이뜰 격) 世 (세상 세) 之 (갈 지) 感 (느낄 감)

너무 많이 변하여 다른 세상처럼 느껴짐.

견강부회

牽 (끌 견) 強 (굳셀 강) 附 (붙을 부) 會 (모일 회)

불합리한 방법으로 일을 하려 함.

견리사의

見 (볼 견) 利 (이로울 리) 思 (생각할 사) 義 (옳을 의)

이로움이 있으면 옳은 것인지 생각함.

"손글씨 사자성어 쓰기 연습"

견물생심

見	物	生	心
(볼 견)	(물건 물)	(날 생)	(마음 심)

물건을 보면 그것을 가지고 싶은 욕심이 생김.

견마지로

犬	馬	之	勞
(개 견)	(말 마)	(갈 지)	(일할 로)

개나 말의 하찮은 힘, 윗사람 또는 나라를 위해 바치는 자기의 노력을 겸손하게 나타낸 말.

견인불발

堅	忍	不	拔
(굳을 견)	(참을 인)	(아닐 불)	(뺄 발)

굳게 참고 견디어 마음이 흔들리지 않음.

결자해지

結	者	解	之
(맺을 결)	(사람 자)	(풀 해)	(갈 지)

묶은 사람이 푼다는 말로, 문제를 만든 사람이 직접 해결함.

손글씨 사자성어 쓰기 연습

결초보은

結	草	報	恩
(맺을 결)	(풀 초)	(갚을 보)	(은혜 은)

풀로 엮은 줄로 적장을 잡아 은혜를 갚았다는 뜻.

겸인지용

兼	人	之	勇
(겸할 겸)	(사람 인)	(갈 지)	(날쌜 용)

여러 사람을 물리칠 만한 용기.

경거망동

輕	擧	妄	動
(가벼울 경)	(들 거)	(허망할 망)	(움직일 동)

몸과 마음이 중심을 잃고 아무렇게나 행동함.

경국제세

經	國	濟	世
(날 경)	(나라 국)	(건널 제)	(세상 세)

나라를 잘 다스려 세상을 구함.

손글씨 사자성어 쓰기 연습

경국지색

傾	國	之	色
(기울 경)	(나라 국)	(갈 지)	(빛 색)

나라를 위태롭게 할 정도의 빼어난 미녀.

경천동지

驚	天	動	地
(놀랄 경)	(하늘 천)	(움직일 동)	(땅 지)

하늘이 놀라고 땅이 흔들릴 정도로 세상을 놀라게 함.

계명구도

鷄	鳴	狗	盜
(닭 계)	(울 명)	(개 구)	(훔칠 도)

닭소리, 개소리를 내는 도둑이란 말.

고립무원

孤	立	無	援
(외로울 고)	(설 립)	(없을 무)	(당길 원)

고립되어 구원받기가 어려움.

　　손글씨 사자성어 쓰기 연습

고	육	지	책
苦 (쓸 고)	肉 (고기 육)	之 (갈 지)	策 (채찍 책)

적을 속이기 위해 스스로 고통을 감내함.

계	포	일	낙
季 (끝 계)	布 (베 포)	一 (하나 일)	諾 (대답할 낙)

초나라 사람 계포가 자신의 약속을 꼭 지켰다는 뜻.

고	장	난	명
孤 (외로울 고)	掌 (손바닥 장)	難 (어려울 난)	鳴 (울 명)

한 손으로는 소리가 나지 않고, 두 손이 마주쳐야 소리가 난다는 뜻.

고	진	감	래
苦 (쓸 고)	盡 (다될 진)	甘 (달 감)	來 (올 래)

어려운 상황을 극복하면 좋은 상황이 오게 된다는 뜻.

손글씨 사자성어 쓰기 연습

고침안면

高	枕	安	眠
(높을 고)	(베개 침)	(편안할 안)	(잠잘 면)

높은 베개로 편안히 잠, 즉 편안한 생활을 뜻함.

곡학아세

曲	學	阿	世
(굽을 곡)	(배울 학)	(언덕 아)	(세상 세)

잘못된 학문으로 세상을 혼란케 함.

골육상잔

骨	肉	相	殘
(뼈 골)	(고기 육)	(서로 상)	(해칠 잔)

혈육끼리 죽도록 싸움.

공전절후

空	前	絶	後
(빌 공)	(앞 전)	(끊을 절)	(뒤 후)

전에도 없고 후에도 없을 것이란 말로 유일하다는 뜻.

" 손글씨 사자성어 쓰기 연습 "

과유불급

過	猶	不	及
(지날 과)	(오히려 유)	(아닐 불)	(미칠 급)

지나친 것은 부족한 것보다 못하다는 뜻.

과전리하

瓜	田	李	下
(오이 과)	(밭 전)	(오얏 리)	(아래 하)

오이밭이나 자두나무 아래서는 몸을 숙이거나 손을 뻗치는 말라는 뜻.

교각살우

矯	角	殺	牛
(바로잡을 교)	(뿔 각)	(죽일 살)	(소 우)

뿔을 바로 잡으려다 소를 죽인다는 뜻.

교언영색

巧	言	令	色
(공교할 교)	(말씀 언)	(영 영)	(빛 색)

교묘한 말과 표정으로 사람을 상대한다는 뜻.

손글씨 긴글 쓰기 연습

건강은 절제만 잘하면 네 나이 때는 아무것

도 하지 않더라도 충분히 유지된다. 그런데

머리는 그렇지가 못하다. 네 나이에서는, 특

히 평소 마음가짐이-때로는 머리를 쉬게 하

손글씨 긴글 쓰기 연습

는 물리적인 현상까지도 포함해서-필요하

다. 지금의 이 시간을 유효하게 사용하느냐

못하느냐가 포인트가 되고, 그것이 앞으로

의 두뇌 활동에도 큰 영향을 미치게 된다.

손글씨 긴글 쓰기 연습

그것뿐이 아니란다. 두뇌를 발랄하고 건강

한 상태로 유지하기 위해서는 상당한 훈련

이 필요하다. 훈련된 두뇌와 그렇지 못한

두뇌를 비교해 보려무나. 그렇게 해보면 너

"손글씨 긴글 쓰기 연습"

도 자기 머리를 훈련시키기 위해서 아무리

많은 시간을 쏟는다고 해도, 아무리 노력을

기울인다고 해도 지나치다고는 생각하지 않

을 것이다.

손글씨 긴글 쓰기 연습

물론 때로는 훈련 따위는 하지 않았는데도

자연의 힘만으로 천재가 출현하는 경우도

있기는 하다. 하지만 그런 일은 좀처럼 드

문 일이어서 그것을 믿고 기다릴 수만은 없

손글씨 긴글 쓰기 연습

는 노릇이다.

그러니까 늦기 전에 착실하게 지식을 축적

할 수 있도록 노력을 아끼지 말도록 해라.

그렇지 않으면 출세는커녕 평범한 인간도

손글씨 긴글 쓰기 연습

될 수 없을 것이다.

네 입장을 생각해 보려무나. 너에게는 출세

의 발판이 되는 지위도 재산도 없다. 나 역

시 언제까지 정계에 있을지 알 수 없는 일

" 손글씨 긴글 쓰기 연습 "

이다. 아마도 네가 순조롭게 이 세계로 들

어올 때쯤이면 나는 퇴직해 있을 것이다.

그렇다면 너는 무엇에 의지하며 무엇을 기

대하겠니? 자신의 힘 이외에는 없을 것이

손글씨 긴글 쓰기 연습

다. 그것이 출세의 유일한 길이 될 것이고,

또한 그렇게 되지 않으면 안 된다.

나는 종종 자신이 탁월한 사람인데 실패했

다거나 보답을 받지 못했다는 말을 듣거나

　❝ 손글씨 긴글 쓰기 연습 ❞

읽기도 한다. 하지만 내가 알고 있는 한 실

제로 그러한 일은 없었다. 반드시라고 해도

좋을 만큼 어떤 역경에 처해 있어도 뛰어난

사람은 어느 정도의 성공을 거두고 있다.

"손글씨 긴글 쓰기 연습"

머지않아 사회에서 크게 성공할 날을 위하여

내가 여기에서 말한 '뛰어난 사람'은 지식과

식견이 있고 태도도 훌륭한 사람을 말한다.

식견이 얼마나 중요한가는 여기서 새삼스럽

손글씨 긴글 쓰기 연습

게 말할 필요도 없을 것이다. 굳이 한마디

한다면 식견을 갖지 못한 인간은 쓸쓸한 인

생을 살아가게 된다는 것이다. 지식에 대해

서는 여러 차례 말한 것 같지만, 자신이 무

손글씨 긴글 쓰기 연습

엇을 목표로 삼든 간에 철저하게 몸에 익혀

두지 않으면 안 된다.

태도는 지금 제시한 요소 가운데서 가장 하

찮은 것인지도 모른다. 하지만 뛰어난 사람

손글씨 긴글 쓰기 연습

이 되기 위해서는 빼놓을 수 없는 요소다.

그 사람의 태도에 따라서 지식이나 식견이

빛을 내기도 흐려지기도 한다. 목표 달성에

득을 주기도 하고 실을 주기도 한다. 그리

손글씨 긴글 쓰기 연습

고 다른 사람의 마음을 가장 먼저 매료시키

는 것도, 유감스럽지만 지식이나 식견이 아

니고 그 사람의 태도이다.

내가 틈나는 대로 써 보낸 편지, 그리고 앞

" 손글씨 긴글 쓰기 연습 "

으로 써 보낸 이야기에 아무쪼록 진지하게

귀를 기울여 주기 바란다. 그것들은 오랜

세월의 경험 끝에 내가 터득한 지혜의 결집

이며 또한 너에 대한 애정의 증표란다. 나

손글씨 긴글 쓰기 연습

는 네가 아닌 다른 누구에 대해서는 조언할

생각이 없다.

너는 아직 내가 너를 위하는 마음의 절반만

큼도 자신을 위해서 무엇인가를 할 수 있는

손글씨 긴글 쓰기 연습

능력이 없다. 그러므로 지금은 나의 충고가

어느 정도나 도움이 될지 모르겠지만, 얼마

동안은 참고 견디면서 내가 하는 이야기에

묵묵히 따라 주기 바란다. 그렇게 하면 언

"손글씨 긴글 쓰기 연습"

젠가 나의 충고가 헛되지 않았다는 것을 알

게 될 날이 올 것이다.

너는 주변 사람들에 대한 주의력이 부족한

편이다. 즉 그 말은 네가 그 사람들을 바보

손글씨 긴글 쓰기 연습

로 생각하고 있다는 것이다. 몇 번이나 반

복해서 하는 말이지만 세상에는 바보로 취

급해도 좋을 만한 사람은 없다. 사람은 누구

나 평등하게 대해야 한다.